PROTO

Que faire quand un dinosaure nait dans votre jardin?

grand-mere geny heywood, Illustré par Mary Connors

AuthorHouse™
1663 Liberty Drive
Bloomington, IN 47403
www.authorhouse.com
Phone: 1-800-839-8640

First published by AuthorHouse   3/2/2010

ISBN: 978-1-4490-5786-2 (sc)

Library of Congress Control Number: 2010902188

Printed in the United States of America
Bloomington, Indiana

This book is printed on acid-free paper.

Préface:

Traduit en Français par l'auteur elle-même Grandma Geny Heywood, aidée par un lointain cousin qui comme elle, vendéen d'origine, réside encore sur cette côte outre atlantique.

Sans lui, cette traduction ne serait pas ce qu'elle est, par contre ils ont tenu à conserver un certain nombre d'images et d'expressions typiquement Nord Américaines qui pour les francophones laissent au récit un petit air exotique d'outre atlantique.

Mes sinceres remerciements a mes chers cousins de Vendee:
Gaby et Francoise Chopin

Introduction:

BONJOUR Jeunes Lecteurs,

C'était très tentant, pour moi, d'utiliser l'expression "Hey" au lieu de "Bonjour", mais j'ai compris que vous ne pourriez pas me le permettre immédiatement, même pour une seule fois, n'étant pas de votre génération.

D'abord, j'imagine que vous aimeriez savoir qui est ce dinosaure/ humain qui a l'audace de s'immiscer dans votre monde sans y être invité.

Si vous lisez l'histoire qui suit, PROTO, vous aurez une idée de ce que je suis car je commence par me présenter. A côté de l'introduction et des images d'accompagnement, je dois confesser que je n'ai pas de tatouages, je ne fume pas, je ne me drogue pas, je n'ai pas de piercings à part ceux avec lesquels je suis née, ah oui, un dans chaque lobe de mes oreilles, parce que le jour ou j'ai eu 70 ans, pour surprendre mes enfants une copine m'a percé les lobes de mes oreilles. Mes jeans, la plupart du temps, se tiennent assez bien sur ma taille plus épaisse qu'elle ne fut mais c'était à prévoir à mon age. Je me demande souvent si les fabricants ne savent plus faire de vêtements à la taille des jeunes aujourd'hui. Ah oui, en plus, je ne montre pas mon nombril avec ou sans bijoux suspendus là pour faire effet. D'ailleurs, je ne pense pas que quiconque voudrait voir mon nombril. Je n'ai pas de E-pods, ni de cordons qui pendent de mes deux oreilles et je ne me laisse pas " texter " ou distraire pendant que je marche dans la rue parce que ma capacité d'attention est plutôt limitée, très probablement, je me ferais écraser.

Je n'utilise pas en parlant: "c'est une bombe" ou "cool" ou "neat" ou "sucre" à moins que je parle de la guerre, du beau temps ou que je veuille exprimer que quelque chose est en ordre ou non amer. Mais je me déplace en trottinette d'enfant, tout en portant un casque rose, et cela très souvent. Ce qui économise le carburant.

Je m'efforce de porter des genouillères et des coudières, ne pouvant oublier que je suis tombé il y a un mois et me suis écorchée en différents endroits ... mais ce n'est pas ici la question. Je commence juste à vous raconter mon histoire, je ne veux pas m'éloigner du sujet. Je ne devrais pas déjà vous ennuyer...

A mon âge, je comprends que je ne pourrais pas très bien m'intégrer à 100% dans n'importe lequel de vos "groupes de jeunes" mais permettez-moi d'essayer quand même. Je ne me heurte pas de quoi que ce soit; je suppose donc que je ne suis pas une baby-boomer et que je serai très peu autorisée à dire " Hey ", sauf que je suis une citoyenne canadienne avec un passeport valide.

J'ai plusieurs caractéristiques, néanmoins je pense pouvoir me situer aisément à vos côtés au sein de votre groupe, malgré mon age avancé. Voir la liste ci-dessous:

1 / Je n'estime pas que je sois raciste ni sectaire, et comme vous, je pense souvent, que le monde est loin d'être parfait... est-ce vrai?

Je n'en suis pas si sûr. J'ai toujours voulu changer le monde, depuis 1930!

Nous savons tous vous et moi, qu'il a besoin d'évoluer dans beaucoup de domaines, vous me suivez?

2 / Je n'ai jamais été très intéressée sur la façon dont le monde autour de moi me regarde et m'évalue. Comme la plupart d'entre vous les jeunes, je tiens à ce que les gens me prennent telle que je suis. J'achète mes vêtements dans les brocantes ou dans les boutiques bon marché. Mes chaussures de marche sont si vieilles qu'un donateur incognito m'en a déposé deux paires plus neuves sur mon perron l'autre nuit. Ils étaient d'une pointure trop petite, ainsi c'est le p'tit jeune d'à côté qui les porte maintenant.

Admettez-le, quand je vous vois vous les jeunes autour du terrain du collège qui est à l'arrière de ma maison, je sais que, comme moi, vous ne vous inquiétez pas beaucoup de votre apparence vous non plus. Personne n'est obligé de le signaler, mais je peux le constater... Bravo! Bravo! Tout le monde a droit à sa propre expression. Cependant, il faudra vous rappeler que l'expression du "soi-même" pourrait ne pas fonctionner à votre avantage le jour où vous allez vous présenter pour cet emploi de cadre dans les années futures. Rappelez-vous de cela quand vous chercherez à vous faire avancer dans votre carrière au sein du soi-disant "établissement". Les chances seront que les co-travailleurs pourraient être plus âgés que vous ne l'êtes, et l'un d'eux serait certain de prendre la place qui vous était destinée.

3 / Moi aussi autrefois j'avais l'habitude de me présenter au reste du monde autour de moi avec réserve, et méfiance, comme vous le faites vous-même maintenant. Les jeunes sont une race de gens qui parlent peu, surtout aux plus aînés. Hourra! Félicitations l'univers ne change guère après tout!

Pourquoi devriez-vous dire que quelque chose vous plaît quand ☺ peut faire l'affaire? Pourquoi devriez-vous envoyer un petit mot à Grand-mère ou l'appeler sur votre cellulaire pour lui dire merci pour ce chèque qu'elle vous a envoyé? Qui sait, vous pourriez très bien tomber sur elle au dîner de Noël en famille l'année prochaine si elle est encore vivante.

4 / Comme beaucoup d'entre vous, oui je sens que je suis moi aussi, assez intelligente mais si indisciplinée. Vous aimez jeter l'ordre établi des choses par la fenêtre, n'est-ce pas! Moi aussi je n'ai jamais eu l'esprit de la norme, sans parler des règles et de toutes ces conventions mises en place par les philosophes d'antan. Pourquoi devriez-vous mettre votre confiance dans les écrivains classiques vétustes et les penseurs qui ont tant aimés mettre en place des règles étranges et souvent ridicules?

Vous pouvez configurer votre propre norme, non? Ils étaient des penseurs du passé, ils sont tous morts il y a longtemps. Et alors, les temps changent non?

Vous êtes les savants penseurs d'aujourd'hui et de demain. Je suis des vôtres croyez-moi, si vous n'en êtes pas assurés et si je ne suis pas assez convaincante, alors tout ce que vous avez à faire c'est de lire mes écrits. Moi aussi, trop souvent je jette les règles et normes du passé par la fenêtre et personne ne peut me faire changer parce que je sais que les jeunes me comprennent si bien comme cela quand je parle à ma façon.

On m'a dit que j'ai un accent que vous risquez de couper avec un couteau et oui, je suppose que je l'ai, mais je sais que les jeunes très souvent me comprennent mieux qu'ils ne comprennent leurs enseignants. Ils me disent toujours que je sais si bien comment leur expliquer les choses qu'ils en saisissent tout de suite le sens de ce que je veux leur inculquer. Vous, mes nouveaux lecteurs qui s'intéressent à moi, je dois vous confier que j'ai besoin de vos jeunes cervelles. La matière grise commence à me manquer, s'il vous plait, lisez mes écrits et répondez-y !

En ce moment je veux vous faire une offre: comment aimeriez-vous obtenir la rédaction de vos idées et avoir des reportages publiés? Tout ce que vous avez à faire c'est d'écrire pour moi environ 1500 mots, des écrits bien intelligents, quelque chose que vous saurez que tout le monde aimera lire. Allez-y, faites votre chemin! Soyons écrivains interactifs. Soyer les pionniers de ce nouveau genre de littérature interactive pour jeunes intellectuels.

Oui, je dois admettre que je sais à peu près la façon de parler VOTRE langue. Je ne me retiens bien que par la force de l'habitude et je tente d'écrire sans les mots colorés qui font trop souvent partie de votre vocabulaire. Lorsque mon frère et moi grandissions, notre mère ne nous lavait pas la bouche avec du savon mais elle était une experte pour manier la ceinture de cuir de notre père, nous savions garder notre langue. A ce jour, j'ai du mal à ajuster mes oreilles aux parures choquantes, à ces accessoires embellis, à ces adjectifs colorés des discours d'un grand nombre d'entre vous les jeunes. Alors, soyez prudents avec la langue, n'écrivez que ce qui pourra être imprimé et lu par des yeux et des oreilles vierges.

PROTO, pour un, est un grand intellectuel et tous les animaux autour de lui sont d'accord avec moi sur ce fait. Son vocabulaire est sans faille, mais qui s'en soucie après tout puisque vous allez comprendre sa prose comme je l'exprime. Alors, envoyez-moi vos histoires, mais d'abord lisez la mienne, s'il vous plaît. Vous pouvez écrire sur mes dinosaures ou sur toute autre chose, tout ce qui vous intéresse. Il me tarde d'avoir vos écrits devant moi et d'avance je vous en remercie.

PROTO

Proto: le premier protoceratop né à notre ferme

Chapitre 1

Je m'appelle Geny Heywood, je suis une grand-mère, je vis dans une petite ferme avec mon mari, grand-père Reg, dans le village de Heywoodsville près des Chutes du Niagara en Ontario, au Canada et ce que j'ai à vous dire est une histoire bien étrange. Bien entendu, à vous les jeunes, je semble être assez vieille, après tout je suis née en 1930 donc je ne suis certainement pas une jeune femme, mais j'ai fait tout pour me garder en forme et en sante n'ayant jamais utilisé de substances interdites. J'ai lu beaucoup de livres et grâce à mes enfants et à mes jeunes amis, l'informatique garde peu de ses secrets, je suis plutôt bien informée en ce qui concerne les ordinateurs. Je pense donc que je n'ai pas rêvé l'histoire qui suit. Elle a vraiment du avoir lieu. Eh! Lisez la donc et dites-moi ce que vous en pensez ...

Il y a trois étés, alors que je travaillais dans notre jardin, j'ai découvert ce qui au départ semblait être une étrange pierre. Ce n'était pas une roche ordinaire, mais avait un peu la forme d'un gros oeuf. Suzy, notre seule et unique petite poule noire qui n'était pas encore morte de vieillesse, restait assise dessus pour une grande partie de la journée. Parce qu'elle picotait près d'elle les feuilles de laitue de Chêne, j'essayais tout le temps de la repousser du jardin. Après une observation attentive, j'ai décidé que ce qu'elle couvait pouvait très bien être un oeuf de dinosaure. Mais comment un tel trésor pouvait-il se présenter chez nous et dans notre propre jardin? Je me demandais, comment y est-il arrivé ? Peut être qu'il avait été retiré de la profondeur du sol par la petite machine laboureuse de Grand père. Il y a aussi la possibilité qu'un raton laveur ait trouvée cette pierre quand un fossé de drainage a été creusé le long de notre route de campagne. Le raton laveur pourrait avoir parcouru une bonne distance, avec l'intention de la laver dans l'étang, les ratons laveurs sont de tels mangeurs tatillons qu'ils lavent toujours leur nourriture. Mais, il pourrait également avoir été trop lourd pour le raton laveur et il aurait pu tout simplement l'avoir laissé tomber là, à cette même place.

Un après-midi ensoleillé, peu de temps après ma découverte, mes petits-enfants étant venus pour une visite, j'ai emmené grand-père Reg avec eux à l'endroit où Suzy était encore en train de couver. Notre poule s'élargissant de son mieux, continuait de protéger le gros oeuf de pierre. Elle était aussi encore en train de picorer cette laitue a feuilles de chêne que j'aime tellement dans mes salades. Soudain, tout comme nous étions encore en train d'arriver à une conclusion sur ce que pouvait être cette grosse pierre en forme d'oeuf, la poule a sauté toute piaillante et oh! Grande surprise, voila, c'est arrivé ...

Tout d'abord, l'oeuf s'est remué, déplacé, secoué d'avant en arrière, puis les fissures ont apparues en zigzaguant sur la coquille de pierre dure. Fascinés, nous avons regardé tout cela avec étonnement, et tout à coup l'oeuf de pierre s'est divisé et que voyons nous sortir, mais un petit Protoceratops. Nous voilà tous en train de crier de joie. Le petit animal, ressemblant à un jouet en caoutchouc, s'étira, se frotta les yeux, se redressa, nous regarda, tout en faisant un drôle de bruit bien étrange. Pas du tout ce que vous attendriez venant de la gorge d'un animal tellement mignon. Sa voix était basse, profonde, fortement puissante et ressemblait à un long type de gémissement.

Inutile de dire qu'un tel événement d'accouchement n'était pas une nouvelle à être gardée secrète pendant longtemps, un groupe d'enfants marchant sur notre route de campagne tout près d'ici, ayant entendu le vacarme, est accouru pour voir si nous avions besoin d'aide. Quand ils ont vu notre petit protoceratops, ils se sont enfuis pour répandre la nouvelle.

En quelques heures, des centaines de personnes de tous les coins du pays ont convergé vers notre ferme avec leurs téléphones portables et leurs caméras. Toutes sortes de scientifiques, géologues, paléontologues, les aviculteurs, les fermiers, les étudiants, les journalistes de la presse écrite et télévisuelle, tous sont arrives en foules chez nous. Tout le monde voulait voir le nouveau bébé. Mes petits-enfants, grand-père Reg et moi-même, tout de suite lui avons donné le nom PROTO. Nous avons décidé que, puisque nous allions nous mettre à élever un dinosaure, qu'il fallait qu'il ait sa propre identité. Nous avons également veillé à ce que tous ces gens curieux n'endommagent pas notre jardin en piétinant tout le terrain. Il n'y avait pas besoin de perdre notre approvisionnement alimentaire, dans l'excitation de la naissance étrange.

Vers la fin de l'après-midi, nous avons transporté notre PROTO dans la grange et lui avons fait un coin pour qu'il soit à l'aise dans le foin entre Candy la dinde, et Peppie la vieille moutonne. Puisque Suzy semble le revendiquer comme son propre enfant, en insistant qu'il faille manger des graines et des vers qu'elle s'efforça de trouver pour lui, elle a été autorisée à dormir là près de Proto. D'abord, elle essaye de le couvrir de ses plumes de poitrine. Juste comme elle l'avait fait en protégeant et prenant soin des poussins nés de ses nombreuses couvées au cours des dernières années. Mais Proto était trop gros. En fait, on aurait dit qu'il grandissait à vue d'oeil. Il grandissait très vite au fur et à mesure que le temps passait. Les gens lui apportaient des brassées d'herbe de la prairie au-delà du jardin et Proto semblait être très heureux de l'attention qu'on lui donnait de tous côtés. On aurait dit qu'il était souriant et tout le monde était très heureux de notre nouveau bébé.

Le temps fuyait vite, il faisait sombre, et bientôt il était temps de fermer les portes de l'étable pour la nuit afin de garder tous nos animaux en grande sécurité. Nous avons évidemment refusé de céder aux nombreuses demandes d'achats et d'adoptions et nous avons renvoyé les gens chez eux pour le moment. Nous savions que notre Proto avait besoin de son repos. Tout le monde a compris qu'il était né sur notre terre, puisque nous lui avons vu prendre son premier souffle. Bien que nous voulions volontiers partager le plaisir de le regarder grandir, nous avons voulu l'élever nous-mêmes, nous avons voulu nous occuper de sa santé, de son bien-être, de son alimentation et de son éducation. Pour cette première nuit, toute la famille était tellement excitée à cause de ce nouvel arrivant que nous avons dormi sur le foin avec les animaux mais c'était la seule fois, après cela nous sommes restés dans la maison. Quand je dis nous avons dormi, je dois ajouter que nous avons effectivement très peu dormi. Il y avait trop d'excitation dans l'air.

PROTO continuait à essayer de nous dire quelque chose, mais nous ne pouvions pas le comprendre. Quand je dis nous, je veux dire que nous les humains qui en principe devraient avoir une bonne cervelle. Tout autour de nous, c'était le vacarme d'animaux qui eux non plus ne pouvaient pas dormir. Ils avaient l'air de comprendre chaque mot que PROTO leur disait. Au grand discours de "quack-quack" de "bbaaa "bbaaa", nombreux "-cotcot-cot" ou un "Whoof -whoof", en réponse, tout ce que nous, les humains pouvions faire, c'était d'essayer de comprendre mais, tout simplement, nous ne pouvions pas. À certains moments, on aurait dit que tous les animaux semblaient exploser dans un grand éclat de rire. Se moquaient-ils de nous, de notre ignorance? Comme il est étrange, ils semblaient se comprendre entre eux. Quand avons nous, les gens humains, perdu le talent de communiquer avec tous les autres êtres vivants de notre planète?

Quant à l'élevage de notre protoceratops, nous l'avons certainement bien fait, tant et si bien qu'après seulement quelques semaines, la grange était pleine à craquer et une autre grange a dû être construite. Il est évident que Proto adore son domicile et que tous les autres animaux sont heureux eux aussi. Nous n'avons pas négligé nos autres charges à cause du nouvel arrivé.

Etant si grand, en réalité, il est un peu plus gros qu'une vache Holstein, le corps de PROTO produit beaucoup de chaleur. Il n'est pas nécessaire de s'inquiéter pour la sécurité et le confort dans la grange désormais. Quand la neige est bien haute sur nos terres, tous les animaux se groupent douillettement autour de PROTO et ils reconnaissent que PROTO est une vraie fournaise peu ordinaire. En plus d'être un animal impressionnant, il commande le respect et quelque chose me dit qu'il a prévenu les assaillants de la nuit qu'ils devraient mieux rester loin d'ici et laissez la grange demeurer un endroit paisible. Prince, lui aussi, notre grand vieux chien peut y dormir bien tranquillement maintenant. Pas besoin de se soucier de monter la garde toute la nuit pour garder les loups, les renards et ces ratons laveurs, voleurs d'œufs, aux abois. Il avait l'habitude de faire la garde avant l'arrivée de PROTO sur ces lieux. Les assaillants ont dus tous, d'une certaine manière, comprendre que les introductions par effraction ne devraient plus être escomptées.

Oui, c'est une belle vie à la ferme Heywood et comme vous l'avez deviné, ce n'est pas la fin de mon histoire. PROTO a trouvé une façon de me parler et j'ai découvert plus que n'importe qui, ce que je ne pourrai jamais apprendre dans les livres de l'histoire réelle des dinosaures.

Chapitre deux

Bonjour mes jeunes amis, je suis de retour pour vous en dire plus sur notre PROTO, le protoceratop célèbre né dans notre ferme. Notre nouveau bébé est certainement une grosse charge, bien que, comme vous le savez, un protoceratop de la taille d'une vache était considéré comme un petit dinosaure. Notre première grange qui avait adapté les poulets, canards, oies, moutons, chèvres et autres petits animaux, n'était vraiment pas appropriée pour un dinosaure, même un considéré de petite taille. Il nous a fallu en arriver à construire un abri bien plus large. La nouvelle étable est très confortable et nous espérons que PROTO, après avoir atteint la taille d'une grande vache Holstein doit être enfin parvenu à sa maturité. Nous avons célébré son troisième anniversaire, l'autre jour et avons organisé une fête pour lui et tous les animaux de la ferme. Ils ont été si bons pour lui, et lui pour eux. Ils adorent PROTO et ils le suivent partout.

L'année dernière, nous avons également dû construire une solide clôture élevée et forte autour du pâturage. PROTO étant devenu trop sociable et désireux de découvrir nos voisins allait se promener aux alentours suivis de tous ses copains. Au début, les gens ont été flattés d'être amenés à donner l'hospitalité à un nouveau dinosaure venu en visiteur. Il est devenu tout à fait une célébrité. Mais ensuite, il a décidé d'étendre un peu trop son territoire de pâturage. Mes voisins et amis, Roger et Anne Marie Antoine ont perdu un grand nombre de précieux arbustes autour de leur maison et leurs roses ne gagneront plus les grands prix à la foire annuelle du coin. Ils sont de bons voisins et ils ne se plaignent pas, mais nous avons dû limiter les ébats de notre grégaire Protoceratops.

Les gens sont encore très intéressés par notre dinosaure bien évidemment, ils viennent de partout dans le monde pour visiter notre ferme. Les hôtels, les motels et les restaurants du coin sont toujours satisfaits avec les visiteurs. En saison, les terrains de camping sont remplis à leur capacité maximale. Les commerçants locaux qui ont contribué à bâtir la grange et la clôture sont en train d'améliorer leurs revenus avec leurs ventes de T-shirts et les articles de souvenirs qui montrent les photos de notre dinosaure. Nous sommes heureux pour eux, que cela stimule l'économie de la zone d'Heywoodsville. Tout le monde semble se porter très bien financièrement à cause de notre PROTO.

Bien que la foire du coin en automne soit l'une des meilleures au Canada, il n'était jamais arrivé grand-chose dans notre village avant l'arrivée de PROTO dans notre vie. Même le ministre des Finances nous a rendu visite l'autre jour et dit que le gouvernement Fédéral et le gouvernement Provincial n'avaient jamais collectés autant d'impôts dans ce domaine depuis la Confédération de 1867.

De loin la nouvelle la plus passionnante que je puisse partager avec vous est bien celle que PROTO a appris à communiquer avec moi. Oui, cela vous semble impossible, n'est-ce pas, mais PROTO et moi échangeons des nouvelles ensemble presque continuellement. Un beau dimanche après-midi, le mois dernier, j'ai pris mon magnétophone et mon portable avec moi sur le terrain, me suis installée tout près

de Protoceratops que je ne pouvais pas décoder. Depuis qu'il était né, à plusieurs reprises, j'avais fait des enregistrements de l'étrange et profonde tonalite de sa voix. J'ai décidé de les jouer pour lui. Alors j'ai tout d'un coup augmenté le volume à fond et puis de plus en plus fort ... tout à coup il me regarda, s'approcha de l'endroit où j'étais assise, il a émis un son plus fort encore, et comme en réponse à un appel extra territorial, mon écran s'est allumé comme par magie. Toutes sortes d'informations ont commencé à affluer vers le bas de mon écran. J'ai compris alors qu'un nouveau convertisseur de signe et langage que mon gendre m'avait envoyé du Texas pour l'installer dans mon ordinateur était en train d'interpréter tout ce que PROTO me racontait.

Oh quelle merveille, je pouvais enfin parler avec mon PROTO.

Mon adorable dinosaure adopté m'a dit qu'il était herbivore, mais j'avais compris ce fait déjà depuis longtemps, même si Suzy la petite poule noire l'avait attiré de temps en temps à manger quelques vers et insectes pour un supplément de protéines dans son alimentation. PROTO me dit qu'il est venu d'Asie, de la Mongolie pour être exact. Ses ancêtres étaient là pendant l'ère du Crétacé, il y a 65 à 98 millions d'années. Regardez la fin du livre, j'ai inclus un tableau pour vous montrer où cette époque s'inscrit dans notre histoire.

PROTO dit que le nom de sa famille à lui était Protoceratopsidae. Tous ceux-là ont été plutôt petits si on les compare aux dinosaures super géants. Ils avaient des fioritures autour du cou, certains avaient des cornes ici et là, des additions de défenses ou de confort, et même souvent de gros boucliers qu'ils utilisaient pour leur propre protection. Ils ont été classés comme ayant des structures d'oiseaux aux hanches et à cause de cela, l'ordre de l'espèce a été appelé Ornithischia. Ils ont également été sous divisés en quatre sous-groupes en fonction de la forme de leur visage. Quelque chose que je n'aurais jamais pensé, c'est que la collerette autour du cou de PROTO n'est qu'un gros os.

Quand les paléontologues ont déterré le premier squelette complet d'un Protoceratops, ils ont été surpris de trouver le jabot relié au crâne. Nous devrons en apprendre davantage sur ses utilisations, mais je crois qu'il peut les aider aussi à mâcher leur nourriture. Essayer de m'informer à ce sujet.

Je pensais que je connaissais beaucoup de choses sur les Protoceratops, après avoir lu tout ce que je trouvais à la bibliothèque et sur le net à propos des dinosaures. En général mes recherches s'étaient accélérées, dès le moment où Suzy la petite poule noire avait contribué à me faire découvrir ce gros oeuf de pierre. J'ai appris beaucoup plus avec PROTO une fois qu'il a commencé à m'envoyer toutes sortes d'infos via mon ordinateur. Après tout il s'agit de la toute première fois qu'un dinosaure a un vrai contact avec nous les humains.

PROTO a compris que nous communiquions vraiment grâce à notre cerveau électronique et il voulait vider son coeur en même temps et me dire tout sur son passé et sur la vie de ses ancêtres. J'y reviendrai bien évidemment mais en général voici l'histoire: Ils étaient tous de familles nombreuses aux liens étroits. Ils devaient devoir se protéger mutuellement contre les types de géants les plus agressifs. Même de son nid, dans son oeuf, il savait qu'il avait beaucoup de frères, soeurs, beaux-frères et belles-soeurs, de nombreux cousins et beaucoup d'amis dans la famille. Les jeunes jouaient souvent à cache-cache. Ils vivaient près de la capitale de la Mongolie, Oulan-Bator (ou Bataar) est aujourd'hui. Ce n'était pas un pays désertique mais une campagne très riche, verte et luxurieuse. Des palmiers, d'immenses plantes vertes avec beaucoup de fruits abondaient sur toute la terre. Il y avait beaucoup d'eau fraîche à boire, un véritable paradis comme il disait. Sa famille avait souvent dû se cacher pendant la journée quand on entendait les pas lourds des agressifs géants, ces gros qui étaient en quête de nourriture. Mais il a dit ses parents avoir plutôt bien appris à co-exister avec eux tout de même.

En 1920, des scientifiques de plusieurs pays avaient obtenu la permission du gouvernement Mongol de creuser pour des fouilles à la recherche de dinosaures. Ils avaient entendu parler de quelques grands lits d'ossements, trouvés dans le désert de Gobi par une équipe de scientifiques Urgayan (Urga est l'ancien nom de Oulan Bator). Parmi les sites de nombreuses et précieuses trouvailles, ensemble, ils avaient creusé une zone de nidification où de nombreuses mères Protoceratops prenaient leurs tours pour couver, assises sur des oeufs bien des millions d'années auparavant. Un assistant des chercheurs, soucieux de s'enrichir, avait soulevé une caisse pleine de ces trésors, bien entendu sans en parler à qui que ce soit. Cela était contraire à la loi enseignée par la paléontologie. Si les vrais savants en avaient eu connaissance, l'assistant aurait été répudié sur place. Les trésors des fouilles sont censés être laissés là où ils se trouvent afin que dans l'avenir, d'autres scientifiques puissent étudier les lieux en utilisant les toutes nouvelles techniques de recherches de leur époque. Clandestinement le voleur avait pris sa caisse pour le Canada dans l'espoir de vendre les oeufs dans les musées du Niagara. D'une certaine manière, il avait laissé tomber sa cage de trésors mongols volés, à l'endroit même où se tient notre jardin actuellement. Il avait été attaqué par un ours noir qui sortait de la forêt. Vous pouvez facilement deviner le reste: L'assistant indigne de confiance, tout essoufflé, avait couru pour se sauver la vie jusqu'à la gare de chemin de fer et avait pris le train suivant à destination de Toronto, et s'était certainement juré de ne jamais revenir. Maintenant, nous ne pouvons pas très bien communiquer avec lui, il aurait ainsi plus de cent ans et probablement disparu à jamais.

Retournons à ma conversation avec PROTO. Au début, je n'en croyais pas mes yeux, il était très désireux de télécharger son histoire par l'intermédiaire de mon ordinateur portable et l'info tombait sur l'écran de plus en plus vite quand tout à coup, j'ai réalisé que mes batteries s'affaiblissaient. Il fallait me rendre à la maison pour brancher et recharger mon portable. J'ai alors demandé à PROTO de tenir ses pensées. Je suppose qu'il a compris et que nous avions tous les deux besoin d'une pause. Il se sentait tout sentimental, moi aussi d'ailleurs et il fallait aussi que je prépare le souper.

Le chapitre trois

Tous mes travaux sont terminés, les piles de mon ordinateur sont complètement chargées, et je suis maintenant prête pour une rencontre très intéressante avec notre Protoceratops dans la prairie où il est resté toute la matinée. Je sais que PROTO est extrêmement intelligent et qu'il ronge son frein de ne plus me raconter ses histoires puisqu'il est loin, je le vois lever la tête de temps en temps en allongeant le cou pour voir si je viens.

Chaque jour maintenant, je fais un enregistrement de ce que me dit PROTO via mon portable. Il est tout aussi curieux sur notre monde que je le suis sur le sien. Cependant pour l'instant, pour vous mes jeunes amis, le fait le plus intéressant à vous dire, c'est que PROTO est très précis sur ce que sont devenus les dinosaures il y a soixante cinq millions d'années. Les scientifiques en sont venus à toutes sortes de conclusions concernant la disparition des parents et amis de mon PROTO. Mais ils n'ont pas entièrement raison. Voici ce que lui m'a dit et je suis très confiante car il sait de quoi il parle. Maintenant Il croit qu'il prendra bientôt contact télépathiquement au moyen d'une ligne directe avec les descendants de ses parents et de ses amis. Il y a quelques vagues ajustements à faire entre son cerveau et le mien. Cela ne devrait pas prendre longtemps pour régler cette question.

Il me certifie qu'il y avait un satellite géant qui était tombé sur la terre et que ce gros monstre de l'espace avait causé l'inclinaison de la Terre sur un côté. Mais en fait, bien plus d'un satellite est tombé sur notre planète, il y a eu de nombreuses pluies de gros et petits morceaux. Il y a une vingtaine d'années j'ai passe une partie de la nuit, étendue sur le capot of ma voiture devant ma maison à regarder le ciel pour observer ma première pluie spatiale. C'était féerique !

Et oui, à part cela, un autre cataclysme qui a changé le paysage de la terre fut l'éruption du volcan méxicain, Chuxtcshulub. Toutefois, toutes ces catastrophes n'ont pas anéanti les dinosaures. Certes, nous savons que certains sont morts, mais ils sont morts de vieillesse, de maladies ou dans leurs nombreuses batailles bestiales. Leurs os sont présents partout dans le monde. Vous pourriez même en avoir vu quelques spécimens dans les musées. Le fait que les dinosaures existent toujours dans nos origines est en effet une excellente nouvelle. Leur race n'est pas morte, ils existent toujours, mais dans d'autres galaxies et c'est là le récit étonnant, que PROTO me dicte, soucieux de me le raconter en détails.

Les scientifiques ne semblent pas être certains que les Trous Noirs existent dans notre propre galaxie, et encore moins apparaissent à partir du sol de notre planète, mais PROTO dit que oui, en effet il y en a onze et il m'a même donné leurs noms: Kennethium, Keyium, Mannium, Antonium, Kukbeium, Engerbium, Taponium, Chevrium, Dworiumak, Heyseedickols, et Legerium. Dans ces trous noirs que l'Administration Nationale de l'Aéronautique et de l'Espace devrait être en mesure de trouver rapidement, l'espace et le temps subsistent encore. PROTO m'assure que ces trous noirs peuvent parfois se connecter à d'autres lointaines galaxies en utilisant un système appelé Spaghettizing. À certains moments, il a des difficultés relatives à me raconter le pourquoi et le comment des choses de son monde, mais, j'ai aussi des difficultés lorsque je tente de lui expliquer les affaires du Père Noël de la Fée Dentaire et de toutes les différentes religions de notre monde. Aussi, à l'occasion, Proto et moi sommes d'accord de ne pas nous accorder sur certaines choses.

Donc, je suis heureuse de communiquer avec mon PROTO, ravie d'être la première personne à entendre parler de ce mystère et heureuse d'être en mesure de vous répercuter ce que je suis en train d'apprendre. Quelle histoire intéressante pour nos jeunes en ce qui concerne les dinosaures! Quelle histoire de famille!

Il me parle de départ précipité de sa famille de notre terre et, bien sûr, je suis tout ouïe ...

Quant à PROTO, ses propres souvenirs sont certes fondés sur ce qu'il a entendu de son nid, quand il était a l'intérieur de sa coquille. Il a entendu beaucoup de choses. Il savait qu'il était à côté de cinq autres embryons, eux aussi dans leurs coquilles respectives. Leurs mères (parce que plusieurs mères utilisaient le même nid) couraient dans toutes les directions quand elles ont compris qu'elles allaient être aspirées dans un trou noir. Il a dit se rappeler qu'il y avait beaucoup de bruit ce jour-là, les mères sachant qu'il n'y avait pas d'issue, qu'elles avaient beaucoup à faire, tentaient de rassembler leurs petits et de leur prodiguer des conseils y compris à leurs enfants invisibles, ceux qui étaient à l'intérieur des oeufs. Ce fut la descendance qu'elles ne pouvaient emporter avec elles. Ce sont aussi ces descendants qui allaient être laissés en arrière, sur notre planète parce qu'ils étaient très proches du niveau du sol ... tout simplement pas à un niveau assez élevé pour être aspirés. À moins que les trous noirs des événements ne se produisent juste en dessous des nids, ils devaient rester là où ils avaient été déposés par leurs mères ovipares.

Les pères protoceratops, au début, faisaient des bruits forts et tentaient de lutter contre l'effrayante apparition venant de l'intérieur de la terre qui pour eux ressemblait à d'énormes tornades noires. N'oubliez pas que la terre était comme un puzzle alors que les morceaux n'étaient pas installés comme ils le sont aujourd'hui (voir mes cartes au dos de ce livre). Tous les animaux étaient destinés à être aspirés entre les morceaux de ce puzzle à peine collés. Comme ils étaient confrontés à l'inconnu, les parents dinosaures mettaient une bonne résistance en place. Quel effort considérable à la survie!

Les parents criaient: "Ne vous inquiétez pas pour nous, chers enfants, attendez et soyez patients, il pourrait se passer un très long temps jusqu'à ce que vous puissiez revoir la lumière dans ce qui semble être un monde très étrange. N'importe lequel d'entre vous chers petits pourrait rester seul pendant un long moment. Vous n'êtes pas tous venus dans le nid en même temps. Nous vous aimons beaucoup nos chéris... Adieu les petits, soyez courageux ... au revoir, bon ... b ... et ce fut la fin des conseils donnés par ces pauvres parents dinosaures avant de disparaître dans le grand cataclysme d'un trou noir pour être transportés vers une autre galaxie. PROTO n'a jamais entendu la voix de ses parents après cet événement.

Maintenant, c'est un afflux d'informations pour ma cervelle. Déjà que mon cerveau primitif parfois rencontre quelques difficultés à s'adapter au cyber-age, maintenant cette situation me pose une véritable énigme. PROTO m'a tout de suite dit de ne pas m'inquiéter pour cela, qu'il va tenter de me l'expliquer.

PROTO et moi avons tous deux convenu que certains, ou même la totalité des oeufs volés du nid dans le site de fouilles d'Oulan-Bator pourrait très bien être encore tous par ici. Tout d'un coup quand il s'est trouvé nez à nez avec l'ours, le voleur qui avait pris la caisse d'oeufs de dinosaures pétrifiés avait probablement laissé tomber tout le trésor là sur le sol. Cela signifie que certains de ces oeufs, pourraient avoir déjà éclos ou être prêt à éclore. En supposant que, même qu'ils soient dispersés dans une zone très vaste ou en supposant que, les tempêtes, les inondations et les animaux aient déplacé ou roulé les oeufs de place en place, cela signifie également que, trois ans après la première naissance, il pourrait y avoir d'autres dinosaures se promenant par ci par là dans la forêt. Elle s'étend de notre jardin, tout le long du chemin jusqu'à la route du nord, à travers les buissons de saules épais et les sols marécageux et contourne un couple de carrières maintenant pleines d'eau. Bien sûr, de nouvelles maisons ont été construites ici et là mais je n'ai pas entendu parler de personne qui aurait trouvé d'étranges animaux broutant dans leurs beaux parterres fleuris.

Beaucoup de gens autour de Heywoodsville sont assez pointilleux sur leurs propriétés, ils mettent beaucoup de travail et d'efforts à garder tout bien rangé, comme vous pouvez le voir dans les revues et les journaux des beaux jardins qui gagnent des prix. Ce n'est pas du tout comme chez nous. Notre foret, le potager et le reste de la propriété où nous vivons heureux avec notre collection d'animaux est plutôt un genre d'insouciance laissez-faire qui nous plait beaucoup. Qu'ils soient voulus ou non désirés ces pauvres animaux nous les adoptons tous et éventuellement nous les plaçons où ils trouvent amour et affection chez de nouveaux "parents". Nous encourageons toujours les gens à abandonner toutes leurs indésirables, qu'ils soient des roches, des plantes ou des animaux, et de tout déposer de notre côte sur nos terres. Et, évidemment, oui, ils le font. Parfois, un chat ou un chien est trouvé assis près de l'étang faisant semblant de faire partie de la "famille" alors que je sais très bien qu'il n'était pas là hier. Pas de problème, on les garde un certain temps, puis passons le mot et nous leur trouvons un nouveau foyer.

Je commence à soupçonner que des oeufs de dinosaures peuvent très bien avoir débarqués sur nos fumiers et nos compostages à un moment ou à un autre. Les voisins qui travaillent à la ville, chaque week-end en sueur comme des esclaves, essaient de faire de leur campagne une exhibition fantaisiste comme ce qu'ils voient en ville. Si vous me demandez mon avis ... mais personne ne me le demande, alors pourquoi devrais-je le donner sur ce sujet.

Quoi qu'il en soit, PROTO pourrait certainement avoir des frères et des soeurs dans notre coin de la planète. Mieux encore, si nous allions chercher dans les environs, nous pourrions très bien trouver plus d'oeufs et être témoin dans notre jardin d'une autre naissance. Je vous préviendrais certainement en temps utile afin que vous puissiez être présent à l'éclosion naturelle d'un dinosaure.

Mais, pouvez-vous imaginer notre émotion si tout d'un coup, une autre naissance a déjà eu lieu et que nous nous trouvions face à face avec un autre protoceratops. Un petit jeune, désireux d'intégrer le crash? Serait-il appelé un cossard ou un charmeur, je ne sais pas car il s'agit d'un tel événement inhabituel que nous sommes sans émoignage précis sur le nom du groupe. Peut-être que plus tard vous pourriez m'aider à comprendre cela et déchiffrer l'énigme.

Ma curiosité concernant les oeufs pétrifiés revenant à l'état de vie a été satisfaite quand PROTO m'a expliqué que la pétrification des oeufs de dinosaures est seulement une suspension temporaire et que maintenant, après plus de soixante cinq millions d'années d'attente le fait s'est patiemment inversé permettant ainsi à l'incubation de reprendre et de se terminer.

Il y a bien sûr beaucoup d'autres nouvelles à vous transmettre mes jeunes amis. PROTO veut parler de toutes les nombreuses espèces de dinosaures qui ont vécu sur notre planète. Il se sent confiant et sera bientôt en mesure de communiquer avec eux et avec tous ses parents maintenant dans les autres galaxies. Lui et moi faisons de notre mieux. Il est évident d'avoir rencontré un peu de difficulté à utiliser une modulation de fréquence de 176 Mégahertz et il me conseille d'essayer une autre gamme d'environ 275. Il pense que les interférences que nous rencontrons tout à coup avec mon portable sont dues à la grosse tour micro-ondes qui se trouve au nord de l'endroit où nous vivons. Nous allons devoir nous repositionner pour une meilleure réception. Croyez-moi, quand nous aurons une connexion correcte avec ses parents je vous tiendrai au courant.

Pour l'instant il me faut aller nettoyer l'étable. Il faut bien que quelqu'un le fasse. Ayant une ferme peuplée de créatures variées et surtout lorsqu'on élève un Protoceratops, je me retrouve avec une énorme quantité de fumier aussi valable que de l'or et je dois bien soigneusement m'en débarrasser chaque jour. Il y a toujours un danger de pollution avec ce genre de fumier, chose que vous connaissez bien. On ne peut pas se permettre d'être insouciant et prendre des risques qui peuvent polluer notre approvisionnement en eau. C'est pourquoi je suis extrêmement prudente. Mais j'ai bien trouvé une façon d'empaqueter cet engrais et de le vendre pour récolter des fonds pour l'Hôpital d'enfants. Avec une photo couleur grand format de proto sur le sac, "Protopoop" est le meilleur produit organique à trouver dans la région de Niagara. Après 3 ans de compostage et mélangé à une quantité égale de tourbe spongieuse, c'est le meilleur engrais et il se vend comme des petits pains chauds. Je n'en ai jamais assez pour tout le monde depuis que les propriétaires de vergers ont constaté les avantages de ces effluents.

Je me réjouis de vous compter les détails de ces histoires merveilleuses que PROTO me raconte chaque fois qu'il croit être en contact avec son monde. Je vous tiendrai tous informés. Bonne journée mes jeunes amis, et bonne journée scientifique et un heureux grand bonjour paléontologue à vous.

Le chapitre quatre

CHICO, Le deuxième Protoceratops est né a notre ferme.

Il est très tôt ce dimanche matin, les étoiles sont encore visibles dans le ciel et une belle nouvelle journée s'annonce. L'été vient juste de commencer à Heywoodsville, quand tout à coup j'entends PROTO m'appeler. Il a évidemment quelques informations intéressantes à transmettre, car habituellement le dimanche il me permet de faire un peu la grasse matinée. Je prends mon portable et cour à perdre le souffle vers la prairie où, normalement, tous nos animaux se reposent au pâturage. Je vois notre PROTO en conversation avec ce qui ressemble à un tout petit Protoceratops. Il est si minuscule que tout de suite je lui donne un nom... "HEY CHICO, d'où viens-tu p'tit bout de choux?" Inutile de vous dire que comme dans la chanson d'Elvis "Je suis all shook up". Le p'tit bout de choux ne comprend pas ce que je dis, mais PROTO me donne la réponse très rapidement avec sa façon particulière de parler Protoceratops et mon ordinateur télécharge à pleine vitesse ce qui est une histoire étonnante:

Il semble que dans les bois à côté de notre ferme, un autre œuf pétrifié est éclos. Mais par quel animal? Chico ne sait pas mais d'après ce qu'il a décrit jusqu'à présent, cela devait être une dinde sauvage qui, incapable de résister à l'envie de s'asseoir sur cette pierre en forme d'énorme oeuf, a donné naissance à un Protoceratops. Notre second. Chico a cependant un problème, puisqu'il est encore un petit enfant, ses pieds n'ont pas pleinement grandi comme il faut et ils ressemblent beaucoup à ceux d'une grenouille. Une petite grenouille est aussi assise sur son front, affirmant que Chico est son père. Elle affirme qu'ils sont tous deux natifs du marais et la petite grenouille n'a pas l'intention de quitter son emplacement de choix dit-elle. Elle veut y rester et vivre comme quelqu'un de la famille. Elle saute du front de Chico de temps en temps quand elle voit un grillon dans l'herbe, mais elle ressaute tout de suite sur Chico. Lui, est un peu agacé par ce manège et tente de déplacer la grenouille avec sa langue, mais sa langue est trop courte. Il a peur de lui faire mal s'il utilise ses pattes d'avant, parce qu'il a de longs ongles. Eh bien, tant pis, il admet qu'il devra s'habituer à ce nouveau cavalier sur sa tête. Après tout, pour l'instant, la grenouille est toute petite. Comme elle est une de ces créatures du marécage canadien, sûrement qu'elle n'arrivera jamais à être aussi grande que ces géantes grenouilles australiennes dont vous avez entendu parler. On m'a dit qu'il y a aussi des spécimens de grande taille à Hawaï.

Mais revenons à l'histoire révélatrice de Chico... Maintenant, il a des informations à ajouter aux histoires de PROTO. Il peut en raconter beaucoup au sujet de la fin des dinosaures.

Il affirme que, lorsque le voleur avait subtilisé la caisse d'oeufs de dinosaures aux fouilles d'Oulan-Bator, il aurait pris avec lui quelques autres oeufs provenant d'une autre fouille mongolienne. Les paléontologues ont travaillé dans deux domaines différents le même jour. Certains pourraient ne pas avoir été d'une famille Protoceratopsidae mais d'une autre espèce d'animaux. Quelle famille? Chico n'en est pas certain à 100% car il a ressenti l'inquiétude de ses parents alors qu'il était à l'intérieur de l'oeuf ces millions d'années auparavant, tout comme PROTO nous l'a déjà raconté. Dans l'agitation du grand cataclysme, il apparaît qu'un certain nombre de dinosaures ont été mêlés, sans s'attaquer les uns les autres. Tous ont été plus soucieux de protéger l'avenir de leurs enfants plutôt que de résoudre ou d'en finir avec les querelles passées et les malentendus. Les oeufs étaient poussés ici et là dans l'espoir de trouver un endroit sûr pour sauver l'avenir de leur progéniture. Cela me rappelle quand, au début de la Seconde Guerre Mondiale, j'ai vu des Mamans inquiètes prêtes à donner leurs petits enfants à des étrangers en partance d'Europe pour l'Amérique. Cela dans l'espoir de sauvegarder et d'envoyer leurs petits dans un endroit sûr, loin de l'invasion des territoires nouvellement occupés.

Alors maintenant, que doit-on s'attendre à voir sortir de la brousse? Un Brachiosaurus se promenant en se tenant par le cou avec une Mamenchisaurus ou peut-être un Triceratops? Qui sait ... les chances d'obtenir un Tyrannosaurus Rex sont toutes aussi grandes que si nous voyions un gentil Protoceratops, tranquille, cousin de PROTO. Nous allons devoir attendre pour voir. Laissez moi vous tenir au courant, ne vous préoccupez pas de ceci maintenant. Profitons plutôt de ce nouveau Chico, la nouvelle addition à notre ménagerie. Je suis certaine qu'il va nous dicter toute une panoplie d'histoires du passé. Jeunes lecteurs, s'il vous plaît, restez donc à l'écoute a mes nouvelles, je ne vais pas vous décevoir.

Oh! J'ai presque oublié, un vieux terrier Boston s'est trouvé une petite place dans la grange la nuit dernière. Il a dit aux occupants que son nom était Phinigan. Notre grand "prince charmant" l'a accueilli naturellement. Apparemment, une jeune femme qui a perdu son emploi l'a déposé à la porte et est partie bien vite. J'espère qu'elle trouvera un emploi très bientôt. Je lui souhaite bonne chance. Entre-temps si elle lit cette histoire, je veux qu'elle sache que son petit ami aux yeux tristes va l'attendre. Il va être bien soigné et va être heureux … mais il espère qu'elle lui fera visite de temps en temps. Je l'espère aussi.

Le chapitre cinq

Voici les grandes nouvelles que PROTO et Chico veulent vous annoncer:

Cela va vous sembler bien drôle parce que vous avez toujours été amené à croire qu'il n'y avait pas d'êtres humains sur la terre au temps des dinosaures. Non pas! Il semble que mes protoceratops contestent cette notion. Oui, il y en avait sur notre planète. Ils étaient un genre d'humains plutôt géants. Leur peau était rude comme du cuir et ils n'avaient pas de cheveux. Ils n'étaient certainement pas capables de se défendre s'ils étaient attaqués par les plus féroces des Tyrannosaurus Rex et d'autres monstres qui auraient pu se trouver à leur rencontre. Ils ont évité tout espace habité par exemple, où les dinosaures étaient plus grands et les "humains" se sont installés dans ce que PROTO appelle les zones de sécurité. Vérifiez la fin du livre, où de nouveau, je vais vous dessiner une carte pour vous montrer où sur la terre, ces zones de sécurité ont été localisées.

Mes informateurs sont très précis quant au type d'animaux que ces hommes étaient. Apparemment, puisqu'ils n'avaient pas de poils ni de cheveux, ils ont du trouver un moyen de se protéger contre la chaleur et le froid. Peut-être est-ce pour cela que leur peau était assez épaisse.

Il parait que leur progéniture grandissait à une vitesse vertigineuse. Ils pouvaient ramper à la naissance puis marcher debout dans leur deuxième mois de vie. Leur parcours était un peu comme le chant des sirènes et ils n'avaient pas grand-chose à voir avec les dinosaures connaissant bien les dangers qu'ils présentaient. Ils semblaient vivre en paix avec les espèces plus petites. Ils n'étaient pas vraiment des ennemis des plus grandes espèces puisqu'ils sont restés dans leurs zones sécurisées, la plupart du temps. Ils possédaient une sorte très limitée de communication vocale avec les animaux et ne chassaient pas. Ils ne mangeaient que des fruits et des plantes. Il y avait une telle abondance de nourriture qu'ils étaient satisfaits de manger la végétation qui les entourait.

Ces êtres humains n'avaient jamais pris la peine de bâtir des villes ni de cultiver la terre ou d'augmenter les récoltes. Il n'y avait pas de monnaies, pas d'argent d'aucune sorte et ils n'ont jamais pris la peine de développer une économie fondée sur le commerce.

Plus difficile à croire, c'est qu'ils étaient épris de paix si nous pouvons réellement les comparer à de paisibles personnes. Lisez ce qui suit et vous pourrez trouver la réponse à ce sentiment de sécurité qu'ils possédaient manifestement.

Ce qu'ils sont devenus? PROTO et Chico ont expliqué que, bien avant qu'eux-mêmes aient été laissés sur le terrain, après que leurs familles aient été englouties dans le tourbillon de grands trous noirs, il était arrivé quelque chose à ces êtres soi-disant humains.

Un jour, lorsque plusieurs groupes d'énormes Tyrannosaurus Rex ont décidé d'envahir les zones sécurisées, des centaines de grands bateaux en forme de soucoupes, des ballons et des cigares sont descendus du ciel et ont ramassé tous les humains. Il a fallu seulement quelques minutes de lumière clignotante, de sons, de bourdonnements et toute l'expédition était terminée. Ils ont disparus dans le ciel. Personne n'a plus jamais vu ou entendu parler de ces créatures. Il semble qu'aucun d'entre eux ne soit resté sur cette terre. Mais comment en être sûr?

Eh bien, je suis restée sans voix devant ce genre de nouvelles ... se pouvait-il que les extra-terrestres dont nous entendons parler si souvent, aient vécu à proximité de notre planète Terre à l'époque des dinosaures? Je suis tellement prête à croire qu'ils étaient là, sur le pré et à veiller, à regarder pour protéger leurs proches.

Je crois que PROTO, Chico et quelques soient les autres dinosaures qui pourraient venir rejoindre notre ménagerie vont m'éclairer sur ce sujet.

Le chapitre six

Depuis que Chico a rejoint notre famille, Proto présente des signes de grande satisfaction, il montre une ambition démesurée, il déborde d'énergie comme jamais auparavant. Non pas que seul, il soit triste ou déprimé avant l'arrivée du petit nouveau, oh non! Rien de la sorte, mais il m'a dit à une certaine occasion que ce serait formidable si l'un de ses semblables devait soudain sortir de la brousse, là-bas, derrière la cabane à outils dans le fond du jardin.

Eh bien maintenant, " ça y est ", c'est arrivé, juste comme je vous l'ai décrit. Chico est le nouveau membre de notre famille d'agriculteurs. Il y a déjà trois mois qu'il a fait son apparition, et la petite grenouille est toujours sur son front. Chico s'est bien adapté et semble très à l'aise dans son environnement. J'ai remarqué qu'il quitte rarement PROTO et tous les deux sont en conversation lors de la plupart de leurs heures de veille.

Quelque chose de très étrange se passe, chaque fois que je viens m'asseoir parmi eux comme secrétaire à la traduction de l'enregistrement, ils veulent tous deux que j'écrive la moindre petite chose, chaque petit détail que l'on m'a dit. Ils me pressent, insistent pour que je ne doive pas perdre un seul mot de ce que leurs cerveaux m'ont dicté sur ce qu'ils savent de leur passé. Ils veulent que vous mes jeunes lecteurs appreniez et retenez tout ce qu'ils me racontent, mais surtout, ils veulent que je les fasse reprendre contact avec leur famille. Je pense que peut-être ils veulent rentrer chez eux. Si je suis trop distraite, si j'arrête d'enregistrer leur histoire et cesse de scruter mon écran pour les regarder, eux, ils me regardent, arrêtent de parler et semblent dire: "Vas-y, ne t'arrête pas, continue d'écrire ce que notre cerveau te dicte ... s'il te plaît, il est de la plus haute importance que les jeunes lecteurs apprennent tout cela parce qu'ils pourraient être en mesure de nous aider à nous connecter avec les autres galaxies et de trouver nos proches ". Parfois je me demande si nous pourrons le faire mais ils en sont tellement certains que cela arrivera.

Et, oui, vous l'aurez deviné, non seulement PROTO, mais aussi Chico a déjà appris à télécharger ses mémoires sur mon écran, il va presque aussi vite avec son cerveau que ne le fait celui de PROTO. Je dois avouer qu'après que mon gendre m'eut procuré une version plus à jour du cerveau électronique du capteur-convertisseur, je me suis empressé de la télécharger. Cet engin rend le travail de traduction de la langue dinosaure extrêmement efficace. Parfois, mes deux adoptés prennent leur tour pour transmettre les nouvelles, parfois on se bouscule pour parler. Ils sont amusants mais ils sont si souvent sérieux pour raconter les histoires.

Je veux vous citer immédiatement un autre facteur intéressant sur ces deux dinosaures qui ont si vite su faire partie de ma famille. Ces deux adorables bêtes savent comment communiquer au moyen d'un ordinateur portable, non seulement avec moi l'humaine, mais avec tous les animaux qui existent sur cette planète. Dés le début ou je suis devenue une mére de subtitution pour PROTO je me le suis demandé, peuvent-ils vraiment communiquer avec tous ces êtres ? Eh bien oui, tous les animaux, même ceux qui n'ont pas une voix sonore comme celle que nous utilisons, peuvent communiquer avec nos dinosaures sans aucune difficulté. Il est appelé le système NEOCONVEYING disent-ils. Je me demande si les experts informatiques sont conscients de cela. Ils ne sont pas toujours à la page, ils passent tellement de temps avec leurs ordinateurs. Non seulement, PROTO et Chico peuvent parler avec tous les chats, pigeons, chiens errants ou les putois-mouffettes qui croisent leur chemin, mais ils peuvent parler avec les vers et les abeilles et même toutes ces nanocréatures non perçues par notre oeil nu. Je dois dire que même si notre monde a besoin de transformations comme je l'ai mentionné dans mon introduction, n'est ce pas un merveilleux endroit où nous vivons? Ne croyez vous pas que nous devrions protéger notre planète?

Je voulais vous dire que ce matin, j'ai appris beaucoup de choses sur la petite grenouille assise sur le front de Chico. Il me disait qu'elle n'est pas une petite grenouille-taureau comme je l'avais cru, mais elle lui dit qu'elle est vraiment une grenouille-cricket. Lorsque je l'ai signalé à grand-papa Reg, il a dit que dans ce cas, son nom latin est "Acris Crepitanis" et qu'elle est membre de l'arbre de famille des grenouilles arborales. Pas étonnant qu'elle ne trouve pas de difficultés pour sauter du front de Chico au sol pour resauter sur le front de Chico. Elle fait cela chaque fois qu'elle va attraper une sauterelle avec sa langue! Elle semble être très friande de grillons et de sauterelles, peut-être il y a un rapport avec le nom. Je ne pense pas que ce fait en ait un puisque toutes les grenouilles savent sauter. Trouvez s'il vous plaît s'il y a un rapport et faites le moi savoir. Je suis toujours à la recherche d'informations, n'oubliez pas qu'il s'agit d'une série d'histoires interactives, et que toute l'aide que je pourrai obtenir quand il s'agit de trouver des faits exacts sera utilisée. N'oubliez pas de me donner l'autorisation d'utiliser vos lettres dans mon prochain livre s'il vous plaît. Cela devrait être une très bonne histoire. Si vous êtes intéressés par les dinosaures autant que je suis nous pourrons alors bien travailler ensemble. Mais rappelez-vous que d'autres sujets m'intéressent aussi.

Je n'ai pas à décrire pour vous l'intérêt que l'arrivée de Chico a suscité dans notre région. A la minute où mes voisins m'ont vu courir dans la prairie en chemise de nuit en ce dimanche matin, il y a trois mois, ils ont deviné que quelque chose d'important se passait à notre ferme. L'histoire s'est propagée comme la foudre et une fois de plus, une foule de gens avec appareils photos et caméras est venue envahir Heywoodsville ... et nous voilà de nouveau.

On pourrait penser que, trois ans après la naissance de notre Proto, nous aurions été prêts pour une autre possible invasion mais je suppose que nous n'étions pas suffisamment préparés, en fait nous n'étions pas prêts du tout, mais, pas, du, tout. L'ordre ne régna pas ce jour-là, l'excitation était très grande, mais, nous, les gens du pays aimons tout le monde autant que nous aimons nos animaux! En fin de compte, tous les voisins voulaient aider, ils ont installé sur place un buffet gratuit pour tous les visiteurs. Les paparazzis étaient agréables et des plus polis mangeant leur pain de campagne avec abondance de saucisses grillées. Lorsque les McKays ont apporté leurs douze tartes aux pommes, alors là, vous auriez du assister à cette scène, toute l'assistance debout les ovationna. Cependant, nous voila face à de sérieux problèmes, avec difficultés nous avons pu sauvegarder nos récoltes de légumes. Il nous a été très difficile d'éloigner la foule de notre potager parce qu'il est beaucoup trop près du champ où Chico a fait son apparition.

Notre plan est maintenant de construire une plus grande grange que je n'appelle guère plus étable, mais il nous faut encore l'agrandir. Heureusement pour nous, l'équipe de conseillers municipaux a approuvé dans leurs impôts un budget plus important, de manière à nous aider à acheter tout le matériel. Personne n'y voit d'inconvénient car PROTO a placé notre région sur la carte et nous ne figurons plus sur la liste des "villages oubliés". Les affaires sont prospères, les emplois sont abondants et les gens sont heureux. Tout le monde mange à sa faim et vit confortablement. Toute notre structure, grange agrandie, devrait être en place avant que la neige commence à tomber. Gardez un oeil sur ma publication, je vous promets de la poursuivre.

Aujourd'hui, avant de terminer, je veux vous tenir informé de ce qui sa passe pour Suzy notre petite poule noire. Oui, oui, elle est toujours là, après avoir materné PROTO il y a trois ans, lorsque cette odyssée a commencé. Il lui fit comprendre que c'était parfaitement logique de s'éloigner de ses soins affectueux et lui a dit qu'il pourrait très bien se promener avec les autres animaux de ferme sans avoir besoin d'une poule grattant le sol pour lui à chaque tournant de la haie. Il ne m'a pas dit, mais je le soupçonne de lui avoir demandé de ne pas l'embarrasser devant ses amis en lui présentant lombrics et des insectes d'origine inconnue. Comme vous savez que les animaux se comprennent très bien, elle doit avoir compris qu'il pouvait se passer de son aide. De toute façon, il devenait beaucoup trop grand pour elle. D'ailleurs, il m'a raconté que l'un de ces vers de terre qu'elle lui présentait un jour le suppliait de lui épargner la vie. Inutile de vous dire que ceci mit bien vite une limite sur son indigestion forcée de protéines animales.

Puisque notre Suzy n'a pas l'air d'avoir trouvé un autre oeuf de dinosaure à couver dans le potager, la voila très absorbée à chercher d'autres activités maternelles de substitution. En ce moment elle se promène, caquette, bavarde et parle sa langue poule tout en menant une couvée de quatorze coquelets de bruyére que la mère a abandonné quand elle a été effrayée par un renard ... Chico pense que c'est ce qui s'est passé ... Vous savez bien sûr que coquelet, en anglais "grouse" n'a pas de pluriel, donc même si Suzy conduit une armée de quatorze gibiers à plumes minuscules on les appelle encore coquelets ou "Grouse" mais pas grouses. En mettant de côté l'urgence potentielle précédente du nid de coquelets, je n'ai pas une idée très claire d'où ces petits oiseaux sont venus, sauf qu'un matin, la semaine dernière Suzy s'est trimballée devant moi alors que je buvais mon thé sur mon pas de porte. Elle marchait avec l'assurance d'un sergent instructeur dirigeant une bande de jeunes recrues.

Je sais que Suzy est vielle et j'ai bien remarqué que le coq n'a pas daigné la courtiser depuis un bon bout de temps. J'ai observé qu'elle cherchait à adopter des familles de substitution car elle ne pondra plus jamais d'oeufs. Ainsi, cette année, pour notre poule célibataire vieillissante, c'est la couvée de coquelets ou grouse qui retient son attention. L'année dernière c'était un adorable pigeon solitaire étrange bébé, qu'elle avait couvé dans un nid de vieille paille. Vous auriez dû voir comment il était drôle, ne ressemblant pas du tout à un poulet, plutôt laid mais magnifique en même temps. Elle l'aimait de tout son coeur. Quand j'ai vu cette pauvre petite bête, j'ai cru tout d'abord qu'il était un ptérodactyle. Mais comment se pouvait-il que quelqu'un ou quelque chose, ait déposé un oeuf de ptérodactyle dans la paille? J'ai dû repousser cette pensée et la chasser vite de mon esprit vraiment, il n'y avait absolument aucun moyen pour que ce soit arrivé. C'est alors que j'ai réalisé que depuis qu'elle ne pondait plus, tous les petits animaux qui voulaient se nourrir et se faire protéger, eh bien, elle les prenait sous son aile. Elle pouvait enfin satisfaire son instinct maternel. M. et Mme Brown, le mois précédent, m'avaient donné un couple de pigeons qui avait construit un nid dans les chevrons juste au-dessus où j'avais déposé de la vieille paille avec l'intention de la composter plus tard. Un oeuf de pigeon tombé du nid et vous savez le reste, Suzy a sauté sur l'occasion pour devenir gratuitement la baby-sitter volontaire. Ce jeune pigeon grandit maintenant, vole à tir d'aile pendant des heures dans toute la région et tourmente le chat de Mike Harrison, ce chat qui a peur de tout ce qui tombe du ciel et est effrayé de tout ce qui vole trop bas. On dirait qu'il sait quelque chose que je ne connais pas... ce pauvre chat.

En parlant de ce qui vole dans le ciel, Proto et Chico m'ont dit ce matin qu'ils ont vu d'étranges oiseaux au-dessus de la prairie et que ce n'étaient pas des pigeons. Ils ressemblaient à des ptérodactyles mais ils étaient trop hauts dans le ciel pour que mes dinosaures puissent faire une bonne communication. Ma vue n'étant pas la meilleure, attendez donc jusqu'à ce que je vois cette nouvelle espèce d'oiseaux moi-même de près.

Je vous le dirai quand je l'aurai fait, si vraiment il y a quelque étranges pensionnaires nouveaux dans mon entourage je vous en tiendrai au courant. Je ne vous en parlerai que lorsque j'en serai certaine. En attendant, j'espère que partout dans le monde les enfants vont m'écrire et me faire partager leurs idées. N'oubliez pas maintenant, donnez-moi votre autorisation écrite, je tiens à publier vos histoires avec les miennes. Chaque enfant peut écrire, parce que chaque enfant est un intellectuel qui attend d'être découvert.

J'ai tant de choses à vous raconter, mais je n'ai pas terminé tout mon travail à la ferme, il me faut nettoyer l'étable, empaqueter le fumier pour le vendre, aller chercher de la nourriture pour toutes mes adorables créatures, changer leur eau et leur donner leurs repas. Bien sûr il me faut également préparer notre repas pour grand-papa Reg et moi. Mes petits-enfants sont censés venir m'aider à désherber le jardin, cet après-midi, aussi je ferais mieux d'être prête et avoir préparé cette tarte aux pommes que je leur avais promise quand ils ont appelé hier. Soudain, je me sens un peu fatiguée, avant d'aller faire cuire ma tarte, je pense que je vais faire une petite sieste bien installée ici avec mes animaux. J'aime faire la sieste dans le foin très souvent, ici avec eux.

Ici, grandma geny, je termine en vous disant à bientôt et surtout je vous rappelle que tous vos rêves sont pôssibles si vous souhaitez qu'ils arrivent... mais ne soyez pas stupides, soyez toujours extrêmement prudents.

Avec l'amour dans nos coeurs, Gardons le contact.

LaVergne, TN USA
05 April 2010
178097LV00005B